Verdun

...leur de la France

CONFÉRENCE

par ... BOUROL, pasteur

Au profit des prisonniers
de guerre ∘ ∘ ∘

EN VENTE

...EUR, à Nîmes (Gard), 12, rue Monjardin

...MICHEL, libraire à Bordeaux

1917

Verdun

et la grandeur de la France

CONFÉRENCE

Par D.-F. POUJOL, pasteur

Au profit des prisonniers
○ ○ ○ **de guerre** ○ ○ ○

EN VENTE

Chez l'*AUTEUR*, à *Nîmes* (Gard), *12, rue Monjardin*

Chez *M. Albin MICHEL*, libraire à *Bordeaux*

1917

DU MÊME AUTEUR

———

La Martyre de Reims, Conférence *(Épuisée)*.

La Victoire de la Marne, Conférence.

Avant=Propos

✢ ✢

— Par cette conférence, comme par celles qui l'ont précédée, « *Les blessés et la Croix-Rouge* », « *Les foyers détruits* », « *La Martyre de Reims* », « *La Victoire de la Marne* », l'auteur s'est proposé un double but. — Il a tenu à fournir sa modeste contribution aux œuvres qui s'intéressent aux victimes de la guerre, blessés, orphelins, réfugiés, prisonniers ; le produit des droits d'entrée, des quêtes, de la vente des brochures, leur a été consacré. — Il a voulu ensuite offrir à ses auditeurs le résultat de ses lectures et de ses recherches. Beaucoup n'ont ni le temps ni le goût de parcourir ce qui paraît sur tel ou tel épisode important du grand conflit ; ils ne peuvent s'en faire qu'une idée des plus vagues, quand elle n'est pas contraire à la réalité. N'est-ce pas un devoir de solidarité nationale de mettre à la portée du plus grand nombre ce qu'on sait, et d'entretenir ainsi l'esprit de confiance ?

— Cette étude ne vise pas à être complète ; on ne raconte pas en une heure et demie dix mois de bataille presque ininterrompue. Elle n'est qu'une sorte de canevas sur lequel, à la place et à la date voulues, chacun pourra inscrire soit les détails qui sont déjà connus et qui ont dû être laissés de côté, soit ceux qui se révéleront à mesure que d'autres documents seront mis au jour.

— Les publications suivantes ont été consultées : *Gaston Jollivet : L'épopée de Verdun*, 1916 ; — *Joseph Reinach : Les commentaires de Polybe*, 6ᵉ série ; — *Louis Thomas : Les diables bleus*, 1914-1916 ; — *Henri Bordeaux : Les derniers jours du fort de Vaux* ; — *Lavisse et Rambaud : Histoire générale* ; — *Revue des Deux-Mondes* ; *Revue de Paris* ; *Le Correspondant* ; *La Revue hebdomadaire* ; le *Journal officiel* ; le *Bulletin des armées* ; *L'Illustration* ; *Le Temps* ; *Les Débats* ; *Le Figaro*, et autres journaux quotidiens.

— La conférence, prononcée au mois d'août 1917 au Casino de *Royan*, à *Saint-Palais sur-Mer*, à *Saint-Georges-de-Didonne*, dans le courant de l'hiver 1917-1918, à *Bordeaux* et dans plusieurs villes du Midi, a été imprimée par les soins du *Comité de Bordeaux* de secours aux prisonniers des pays envahis.

— Elle se vend au profit des prisonniers de guerre, civils et militaires, au prix minimum de 1 franc l'exemplaire.

Verdun

et la grandeur de la France

✢ ✢

— Au moment de traiter devant vous le sujet qui vous est proposé : *Verdun et la grandeur de la France,* un petit incident, survenu le 9 septembre 1916, à Verdun même, me remonte à la mémoire. Je vais vous le raconter tout de suite; il me permettra de vous renseigner sur mes intentions et de vous indiquer sous quel angle spécial la poignante bataille vous sera présentée. — Le premier ministre britannique, Lloyd George, traverse les ruines de la cité sauvagement bombardée; il s'arrête sur la petite place à gauche de l'Église, d'où la vue s'étend sur les faubourgs et sur les lointains que couronne le fort de Souville. Il contemple longuement l'horizon; puis il se baisse et ramasse quelques objets qu'il dépose soigneusement dans les poches de son paletot. On l'interroge : « Serait-il indiscret, Excellence, de vous demander ce que vous ramassez ainsi ? Des éclats d'obus ? Des cailloux souvenirs ? — Non, répond-il d'une voix grave et émue, je ramasse des marrons. Ces marrons, récoltés dans votre Verdun magnifique, je les planterai dans mon jardin, en Angleterre, où j'aime à me recueillir. Je les soignerai moi-même, et plus tard, si Dieu me prête vie, ils formeront une allée que j'aimerai entre toutes. Je l'appellerai l'Allée de Verdun, l'Allée de la Victoire ».

— Je voudrais, sur ce champ de bataille, où, pendant dix mois, du 21 février au 18 décembre 1916, nos soldats ont déployé une patience, une énergie, un esprit d'initiative dont on les croyait incapables, ramasser quelques souvenirs pour les planter dans votre esprit. — Je voudrais, pris de pitié pour tous ceux d'entre vous, pères et mères, fils, filles et épouses, frères, sœurs, fiancés et amis, aux oreilles desquels ce nom de Verdun résonne comme un glas funèbre, leur rappelant les aimés qui ne reviendront pas, leur offrir la douceur, le réconfort d'entendre parler des événements auxquels ils ont pris part, des lieux marqués par leur bravoure et leur sacrifice. — Je voudrais, par cette vue d'ensemble, pour si incomplète qu'elle soit, mettre en relief le rôle unique, splendide, joué, pendant ces jours d'angoisse universelle, par notre Patrie, et entretenir ainsi en vous, toujours brûlante, la flamme de la confiance en ses destinées. — Si mes forces ne trompent pas mes intentions, nous aurons goûté ensemble une des joies les plus pures ; nous aurons, nous arrachant à ce qui nous diversifie ou nous sépare, communié un instant dans la douleur et dans l'amour de la France qui, à Verdun, s'est révélée si grande et si belle.

— Pour mettre un peu d'ordre dans le chaos que présentent communiqués français et allemands, récits de témoins, citations et commentaires multiples, pour ne pas nous enlizer dans la masse mouvante des détails, nous rangerons sous quatre chefs principaux cette esquisse de la première bataille de Verdun : *le repli sous la ruée,* qui se produit du **21** au **28** février ; *la résistance,* organisée et soutenue par le général Pétain du **28** février au **1**er mai ; *la victoire,* préparée et remportée par le général Nivelle du **1**er mai au **18** décembre ; *la France, nation gardienne,* où seront tirées les conclusions de ce rapide aperçu.

I. Le repli sous la ruée

(21 au 28 février).

— L'attaque du saillant de Verdun commence le **21** février à sept heures quinze du matin ; elle se continue sans interruption, avec une violence inouïe, jusqu'au **28** février, et ces huit jours de ruée impétueuse constituent la première phase du combat. — Depuis le mois d'août 1914, nulle part, ni le bombardement n'avait encore été aussi intense, ni les assauts n'avaient encore été aussi acharnés. — Plus la résolution de l'ennemi va nous apparaître farouche, plus ses préparatifs auront été formidables, plus il prodiguera ce qu'il appelle dédaigneusement le « matériel humain », et plus ressortiront, par contraste, la bravoure de nos soldats et la valeur de leurs chefs.

*
* *

— On s'est demandé ce que les Allemands ont *voulu* en portant leur effort sur ce point de notre front. — Les raisons avouées ou soupçonnées en sont multiples. Philosophes, politiques, militaires ont émis les opinions les plus variées, et chacune d'elles, si, prise à part, elle ne fait pas la clarté complète, a pesé plus ou moins dans la décision de l'état-major impérial.

— Les *philosophes*, habitués à juger de haut et de loin, nous disent : la ruée sur Verdun s'explique par l'histoire. — Elle n'est qu'un épisode, le dernier en date, de la lutte que Francs et Germains se livrent depuis l'antique traité d'août 843, par lequel les trois frères, Louis le Germanique, Lothaire et Charles le Chauve, se partagèrent l'héritage de Charlemagne. — Des trois parts faites des vastes États de « l'empereur à la barbe fleurie », la seconde, la Lotharingie, longue bande de territoire séparant les deux autres, a été une véritable poire de discorde jetée entre elles. La Lorraine, après la mort de Lothaire, cette « Media Francia » des chroniqueurs, devient le point central autour duquel pivote toute l'histoire de la France et de la Germanie. Chacun des deux royaumes met son habileté et sa force à s'en emparer. Pendant dix siècles, le nom de Verdun, qui symbolise les prétentions des deux antagonistes, se retrouve à toutes les pages de cette lutte ininterrompue. — Les Allemands rapaces réclament la révision de ce traité de 843 dans la ville même qui, depuis tant de siècles, exerce sur eux une fascination irrésistible. Ils devaient, en cette guerre, héritiers des passions et des convoitises de leurs aïeux, se porter sur Verdun comme par une sorte de fatalité historique.

— Les *politiques*, plus attentifs au jeu quotidien des passions humaines, nous affirment : l'attaque sur la Meuse a été conçue et exécutée pour agir sur l'opinion publique. — Celle ci- s'inquiète, se tourmente ; dans les brasseries et dans les universités, dans les banques et dans les boutiques, on commence à trouver que cette

guerre ne rapporte pas le butin promis. Le rationne-
ment devient progressif ; le 4ᵉ emprunt est annoncé.
Pour supporter les jours sans viande et pour verser ses
économies dans les caisses publiques, la population a
besoin du réconfort d'une victoire. — De plus, le pres-
tige de l'héritier de la couronne est en baisse ; la mois-
son de lauriers attendue tarde à être récoltée ; il faut à
tout prix rehausser le respect dû à la maison régnante. —
Et puis, que doivent penser les neutres de ces retards,
de ces piétinements sur place ? — En haut lieu, on sent
la nécessité de prévenir les mécontentements et de
donner un aliment au loyalisme de la masse. On va lui
offrir en pâture cette offensive dirigée contre le « cœur de
la France ».

— Les *militaires*, spécialistes de la tactique et de la
stratégie, nous déclarent à leur tour : la bataille de
Verdun n'est que la suite, l'aboutissement logique du
plan impérial. — Après les deux échecs, en effet, subis
en 1914, sur la Marne et sur l'Yser, qui interrompent
leur marche sur Paris et sur Calais, qui font saigner
leur amour-propre, nos ennemis se reconstituent à l'abri
de leurs tranchées. Ils portent ce système de défense à
un degré de perfection inconnu jusque-là. Nos offensives brillantes de l'hiver et du printemps, en Artois et en
Champagne, n'ont que légèrement entamé, sans l'ébran-
ler, cette longue et solide muraille. Ils profitent de la
sécurité relative qu'en 1915 ils trouvent derrière ce bouclier pour s'affermir dans la résolution primitive qui
leur a mis le glaive en main, la résolution de frapper à
mort la France, « l'ennemi principal ». Pour nous porter ce coup suprême, Verdun leur paraît le point le plus
vulnérable. — La ligne à peu près régulière de notre

front se bombe, autour de l'antique cité, forme un saillant polygonal allant de Vauquois, près de l'Argonne, à Saint-Mihiel, sur la Meuse, saillant difficile à défendre. — Ils ont pour eux de nombreux avantages : voisinage du camp retranché de Metz aux approvisionnements inépuisables ; quatorze voies ferrées pour amener à pied d'œuvre hommes, vivres et munitions ; configuration du terrain parsemé de bois où se feront rassemblements et départs ; ravins descendant vers la Meuse propices aux attaques convergentes ; pièces lourdes en abondance. Ils savent que la place est presque isolée, alimentée par des routes mal entretenues et par deux voies ferrées seulement ; ils savent que, si on surveille ses mouvements, on n'a pas pris de précautions exceptionnelles ; ils savent que notre effort industriel n'a pas encore pu mettre à notre disposition une artillerie comparable à la leur. — Pourquoi, avec de tels atouts en mains, ne pas tenter la partie ?

— Quoi qu'il en soit de toutes ces raisons militaires, dynastiques ou historiques, dès le début de 1915, c'est-à-dire plus d'un an avant l'action, la décision est prise, l'objectif de la future et, à leur sens, de la décisive poussée est fixé.

*
* *

— Comme l'improvisation n'est pas leur fait, ils se livrent alors à une *préparation* minutieuse. Au mot d'ordre venu d'en haut, la machine lentement se monte.

— C'est la *vie industrielle* qui, après les déboires de 1914, prend une intensité que parmi nous on n'a peut-être pas soupçonnée. L'ancien outillage de Krupp est renouvelé ; des usines énormes sont construites. Toute une armée de chimistes, d'ingénieurs, d'ouvriers d'art, de femmes, se met au travail. Vers la fin de l'automne, la production commence : canons, obus, gaz asphyxiants, explosifs surtout, s'accumulent. Cet amoncellement prodigieux d'instruments de destruction et de mort fait présager à tous l'écrasement certain de l'ennemi.

— C'est *l'artillerie lourde* que peu à peu on transporte et on met en position. « Depuis une année déjà, écrit le *Berliner Tageblatt* du 15 mars 1916, on avait amené et monté dans les environs de Verdun des canons de marine de 38 centimètres,... une douzaine de 420 qui pouvaient lancer un obus toutes les cinq minutes ». On dégarnit le front serbe et une partie du front russe. Les énormes mortiers, qui nécessitent l'emploi de sept wagons, défilent dans les gares sous les yeux de la foule enthousiaste. On réunit ainsi 2.000 bouches à feu, dont 40 de très gros calibre, 700 de gros calibre et 1.260 de campagne. Elles peuvent consommer percutants, fusants, lacrymogènes, asphyxiants et autres ; on a de quoi rassasier l'appétit des plus voraces. — Toute l'Allemagne parle de ce matériel formidable ; son entrée en action sera bien le prélude de la paix victorieuse.

— C'est *l'aviation* dont le concours va être utilisé mieux que jamais. On construit en toute hâte et en grand nombre les appareils les plus variés : « saucisses », aviatiks, albatros, fokkers, zeppelins. Un de ces derniers, qui surveillait l'arrivée de nos réserves, est abattu le **21** février à Révigny. — L'élite de ses pilotes est rassemblée. Au début de la bataille, ils sont maîtres de l'air. Leur présence exalte la confiance des assaillants.

— C'est une *masse de choc*, fraîche, qu'à l'abri on constitue et on entraîne. Elle comprend quatre corps d'armée, formés chacun de deux divisions à trois régiments. Les éléments, choisis parmi les meilleurs et les plus réputés, sont prélevés sur le front français : ce sont le 15ᵉ corps, venu des environs d'Ypres ; le 18ᵉ, de la Somme ; le 7ᵉ corps de réserve, de l'Aisne, et le 3ᵉ corps, de l'Oise. Plusieurs mois à l'avance, on les met au repos. Les soldats, suralimentés, reçoivent chacun, journellement, trois livres et demie de viande et six litres de café. Le rôle de chacun d'eux est réglé dans les moindres détails. Ils iront, précédés par leurs obus qui, semblables à un ouragan, auront arraché les fils de fer, comblé les tranchées, défoncé les abris, anéanti les défenseurs, prendre possession presque au pas de parade, des retranchements, des forts qu'il s'agit d'occuper. On raconte que les commandants de régiment furent appelés, quelques jours avant, à Charleville, et que là, en présence de l'empereur, sur un terrain analogue à celui du saillant de Verdun, ils exécutèrent une répétition générale de la bataille. — Ces troupes de choc auront, derrière elles, pour les soutenir, les troupes du Kronprinz et les renforts qui, par les voies ferrées, ne cesseront d'arriver. — Comment douter de la réussite ? Le peuple allemand aura fourni ici la preuve la plus éclatante du génie qui est le sien, le génie de l'organisation.

— C'est aussi, pour masquer tous ces préparatifs, les *pièges* tendus à l'inattention et à la crédulité des alliés. La presse, docile aux insinuations de l'Agence Wolff, parle d'attaques possibles et prochaines sur Calais ou sur Soissons, à Kiew ou à Salonique, en Égypte ou sur le golfe Persique. Des coups de bélier sont portés sur d'autres parties de notre front, à Frise, en particulier ;

des concentrations s'effectuent ici et là ; on se remue un peu partout. Toutes ces diversions, habilement conduites, n'ont pas d'autre but que de détourner l'attention de la surprise qu'ils nous ménagent, et d'énerver, de retarder l'offensive franco-anglaise annoncée pour le printemps.

— Il faut avouer que rarement opération fut préparée avec autant de soins. Devant cet effort de longue haleine, devant cette volonté arrêtée au service de laquelle se mettent une activité industrielle sans précédent, une artillerie redoutable, des soldats aguerris et fanatisés, l'intelligence ordonnatrice des chefs, la confiance et l'attente de tout un peuple, nous réalisons, après coup, et non sans un frisson d'épouvante, le danger couru ; nous comprenons à peine que nos soldats n'aient pas été balayés par cette tempête et que le saillant de Verdun ne soit pas devenu, avec leur tombeau, le tombeau des espérances rafraîchissantes qui, de la Marne et de l'Yser, avaient soufflé sur nous.

*
* *

— La machine est montée, essayée, approvisionnée. A l'heure choisie, sous les yeux de Sa Majesté l'empereur et roi, elle est mise en marche, et les premiers jours, elle fait merveille.

— Le **21** février au matin, le feu est ouvert sur nos positions avancées, au Nord et au Nord-Est de la place, constituées par les bois de Consenvoye, d'Haumont, des Caures, de Ville, d'Herbebois, véritable couronne de verdure où se reposent les yeux. Les batteries lourdes forment un cercle compact autour d'elles. L'armée bruyante et furieuse des projectiles, du 420 au 210, en passant par le 380 et le 305 autrichiens, est lancée à l'assaut. Nos divers centres de résistance, avec une mortelle précision, sont écrasés et broyés sous une avalanche d'obus. — Un colonel rapporte que sur un front de 900 mètres, profond de 450 mètres, 80.000 gros obus sont tombés dans six heures de temps. La consigne est de tirer jusqu'à épuisement, sans arrêt. Le sol, par zones de 500 mètres ou de 1 kilomètre de côté, est battu, labouré d'une manière mathématique. Les pierres jaillissent en trombes ; la terre, pulvérisée, s'élève en gerbes à de grandes hauteurs comme l'eau des geysers ; des fumées noires montent de partout ; les flammes lèchent les vêtements ; les déflagrations violentes projettent les hommes restés debout d'un parapet à l'autre, enterrant les vivants et déterrant les morts. — Sous cet ouragan déchaîné, nos lignes sont nivelées, des groupes entiers de soldats sont ensevelis, nos défenses triturées. — A cinq heures, précédée par cet avant-garde de « gros noirs » et de « marmites », au bois des Caures et au bois d'Haumont, l'infanterie lance sa première attaque.

— Le *bois des Caures* est défendu en couverture par les deux bataillons de chasseurs, le 56e et le 59e du lieutenant-colonel Driant. Pendant deux jours, cette phalange de héros retarde, sans pouvoir l'arrêter, la marche de l'ennemi. Le 22, à trois heures trente, débordés à droite et à gauche, ils vont être saisis comme avec des pinces gigantesques. — Driant divise ses hommes en cinq colonnes pour la retraite ; lui-même, fidèle à une vieille tradition de la marine, reste avec la dernière. Il tient conseil avec le commandant Renouard et les capitaines Vincent et Hamel. « Encore quelques minutes, leur dit-il, et il faudra mourir ou nous serons prisonniers. — Mais pourquoi, dit le capitaine Hamel, ne pas essayer de mener hors du bois quelques-uns de ces braves gens. Ce seront autant de combattants pour demain. « Tous approuvent; dans les yeux de ces hommes qui méprisent et bravent la mort, des larmes arrivent, tant la retraite leur paraît dure. « Je préférerais mourir », dit le capitaine Vincent. — Le colonel fait passer toute sa colonne devant lui; il a son manteau sur le bras et sa canne à la main. Au moment où il saute dans un trou d'obus, il est touché à la tempe. « Oh! là, mon Dieu! » soupire-t-il, et il tombe face à l'ennemi; il était quatre ou cinq heures de l'après-midi. Toutes les pensées de ce chef qui avait signé, du pseudonyme « capitaine Danrit », tant d'œuvres dont l'imagination et le patriotisme de notre jeunesse se sont nourris, n'avaient qu'un objet, la réparation des revers de la France. Il est mort pour son idéal, sur cette terre lorraine, baignée de son sang. — On estime à 2.000 les ennemis tués par nos Chasseurs dans ce bois.

— Grâce à ce bombardement formidable, accompagné parfois de jets de liquides enflammés, dernier argument de la barbarie, les Allemands prennent pied dans nos tranchées de première et de seconde position. Ils avancent, faisant plier l'arc de cercle de notre front jusqu'à la corde. Ils occupent les bois de la périphérie, les villages de Samogneux, d'Haumont, de Beaumont, d'Ornes, de Louvemont, les bois de Fosses et de Caurières. Les cadavres de leurs soldats d'élite, amoncelés, couvrent le terrain conquis.

Poujol

3

— Le 25, ils croient le moment venu de faire le suprême effort pour enfoncer nos lignes, trop résistantes à leur gré. Ils se portent pour cela sur *Douaumont*, qui domine le champ de bataille. Ces premiers combats de Douaumont marquent l'heure tragique, heure qui sonne dans toute rencontre, où le destin se prononce entre les deux antagonistes, où le sort même de Verdun se décide. — Comme toujours, le canon ouvre la scène. Nos tranchées sont comblées ; nos abris s'effondrent. Malgré cela, les tâches ordinaires s'accomplissent avec régularité ; les brancardiers relèvent les blessés ; les ravitailleurs vont chercher les sacs de cartouches, se les font attacher sur le dos, et traversent en rampant les endroits découverts ; les agents de liaison enjambent les mourants et se glissent entre les décombres. — Bientôt le tir s'allonge et un flot immense et furieux, — sept régiments entrent en ligne, — monte à l'assaut. Nos mitrailleurs les laissent approcher, puis ouvrent le feu. Les fantassins ennemis s'abattent par rangs entiers comme si une rafale irrésistible les jetait sur le sol. Le flot s'obstine, s'élève sur des montagnes de cadavres. Un instant, il couvre le plateau. — A trois heures, par une de ces surprises comme il s'en produit dans tous les combats, un parti de Brandebourgeois réussit à pénétrer dans le fort. — Vers cinq heures, le village est sur le point d'être encerclé. — Parmi nos agresseurs, on croit tenir enfin la victoire si désirée. Le grand quartier général radiographie la nouvelle au monde entier : « Le fort cuirassé de Douaumont, le pilier angulaire nord-est de la ligne principale des fortifications permanentes de la forteresse de Verdun, a été pris d'assaut hier après-midi par le 24ᵉ régiment d'infanterie de Brandebourg ». — L'empereur reçoit les félicitations de la Chambre de Brandebourg ; dans son langage grandiloquent, il parle dans sa réponse de « l'irrésistible assaut livré contre la plus puissante forteresse de notre principal ennemi ». — Le journal populaire de Berlin, le *Lokal Anzeiger*, dépeint en termes dithyrambiques l'enthousiasme de la foule : « On lançait les chapeaux en l'air ; les yeux étincelaient ; bientôt les drapeaux flottaient aux maisons ; joyeusement, ils palpitaient parmi les rafales de neige, saluant les vainqueurs de Douaumont ». — C'était chanter victoire un peu vite. Ils auraient pu, s'ils avaient eu un Napoléon ou seulement un de Moltke, faire peut-être violence au destin. Ils n'ont eu ni le regard assez perçant, ni l'audace assez prompte pour profiter de la minute décisive. Ils la laissent passer, et pour eux, elle ne reviendra plus. — Le village, le soir même du 25, est dégagé par une contre-attaque de nos tirailleurs et une vigoureuse manœuvre du 3ᵉ zouaves. Le lendemain, 26, les renforts, des éléments du 20ᵉ corps du général Balfourier, arrivent et font sentir leur effet. — Que les ennemis reviennent avec acharnement à la charge, qu'ils prodiguent les munitions et les hommes, qu'ils prennent et reprennent Douaumont pour l'abandonner ensuite ; il est trop tard maintenant. Le 28 au soir, les attaques cessent ; l'ennemi est essoufflé ; l'équilibre des forces est rétabli.

*
* *

— Le kronprinz avait promis à ses soldats, en leur faisant admirer ses mortiers géants, que l'avance sur Verdun serait le premier pas de la marche triomphale sur Paris. Il avait compté sans le *soldat de France*. Quelle surprise décevante celui-ci réservait à l'héritier impérial! Quelle surprise réconfortante il nous ménageait à nous-mêmes! — Sur cette terre d'épouvante, il ne perd pas la raison; le feu d'enfer qu'il subit ne lui fait pas lâcher pied. Presque à ciel ouvert, dans ses misérables abris, sans sommeil, souvent sans nourriture, assourdi par l'infernal concert des sifflements et des éclatements d'obus, pendant ces huit journées, il reste solide comme l'acier trempé. Ce n'est pas à une place forte que les engins et les troupes du kronprinz se heurtent, c'est à une armée consciente de son devoir et résolue à le remplir jusqu'à la mort. « Ici, disait un général, pour faire son devoir, il faut faire plus que son devoir. Si l'on se fixe un tarif, on risque d'être au-dessous ». Les soldats de France ne se sont pas fixé de tarif, ils n'ont pas été au-dessous.

— Les chefs militaires, Joffre, de Castelnau, Pétain et leurs collaborateurs dirigent, avec une maîtrise incomparable, la manœuvre de repli qui est admirée par tous les critiques étrangers, y compris les Allemands, comme un des chapitres les plus magnifiques de cette guerre. Ils ramènent peu à peu, en combattant, du 21 au 25, leurs troupes, de la ligne Consenvoye-Azannes à la ligne Bras-Douaumont, devant des forces trois ou quatre fois supérieures, sous un déluge de mitraille, qui hache, écrase les centres de résistance, comme ferait un énorme marteau-pilon. Ils parent à droite, à gauche, infligent à l'ennemi des pertes cruelles. Puis, nettement, le 26, ils s'arrêtent et se fixent; la bataille se cristallise sur des positions étudiées d'avance.

— Le redressement splendide, auquel nous allons maintenant assister, se prépare. « A Verdun comme sur la Marne, disait un chroniqueur dans son langage expressif et réaliste, les lions n'ont pas été conduits par des ânes ».

— O France, qui as pour te défendre de tels enfants, dont la bravoure égale la haute intelligence, dont le sang-froid égale l'esprit de sacrifice, que tu es grande et digne de notre amour !

II. Pétain et la résistance

(28 février au 1er mai).

— Après le 28 février, la bataille meurtrière change d'aspect; elle devient bataille de *résistance*. L'ennemi, qui a échoué dans sa tentative brusquée de rupture de notre front central, va se porter sur les ailes et livrer des assauts encore plus sauvages. Il s'agit de faire barrière devant lui. A l'effort gigantesque, où le génie allemand s'est déployé avec toutes ses qualités de prévoyance minutieuse, nous allons voir répondre l'effort français où le génie de notre peuple s'affirme avec ses trouvailles, ses initiatives, avec les solutions élégantes qu'il sait donner, au moment voulu, aux problèmes les plus délicats.

* *

— Quoi qu'on en ait dit, notre haut commandement n'a été qu'à moitié surpris par la ruée sur les avancées de Verdun. Il savait qu'une attaque se préparait en Champagne, en Picardie ou sur la Meuse, et il avait pris ses mesures pour la riposte. Le 20 janvier déjà, le chef d'état-major général visitait la région. Du 11 au 16 février, six divisions d'infanterie, six régiments d'artillerie lourde attelée et à tracteurs, étaient envoyés. Le 19, Joffre se rendit en personne sur le front et annonça l'assaut prochain. Le 20, une nouvelle division et deux corps d'armée furent mis en mouvement vers Bar-le-Duc et Révigny. — Nos réserves sont prêtes à être transportées en toute vitesse sur la partie des lignes où l'orage aura fondu.

— Dès que l'ouragan se déchaîne, Joffre envoie de Castelnau, muni de pleins pouvoirs. Celui-ci arrive près de Verdun dans la nuit mémorable du 24 au 25 février. Il conserve l'usage libre de son jugement au milieu de ce formidable déploiement d'épouvante. Il calcule qu'il dispose d'un délai suffisant pour « rétablir la bataille ». Avec une précision qui engendre autour de lui la confiance, il donne les ordres nécessaires. Dans la soirée du 25, par un temps de neige glacée, Pétain arrive. De Castelnau l'accueille par ces mots : « Ah, vous voici, Pétain ; vous prenez le commandement. — Mais je ne connais rien de la situation. — Vous la connaîtrez ; vous prenez le commandement à partir de minuit ». Et le 29, rassuré, il retourna auprès de Joffre.

— La tâche du général Pétain n'est certes pas facile. « J'ai ordonné, lui écrit le généralissime, de tenir sur la rive droite de la Meuse, au nord de Verdun ; tout chef qui donnera un ordre de retraite sera traduit devant un conseil de guerre ». Il s'y emploie avec une belle vaillance, et son nom, inconnu du public, monte brusquement à la gloire.

— Il ne dispose que d'un espace bien restreint après la prise du fort et des positions d'artillerie de Douaumont, pour organiser la défense ; n'importe ! Il s'ingénie pour tirer parti de la moindre parcelle de terrain. Des tranchées sont creusées et aménagées ; les points stratégiques sont fortifiés ; des communications protégées sont établies pour permettre l'arrivée rapide et sûre des troupes d'appui, pour économiser les fatigues et la vie des soldats ; les réseaux de fils de fer s'enchevêtrent et les mitrailleuses se multiplient devant nos lignes ; les travaux de mine et de sape sont menés avec une ardeur et une audace sans pareille. — Il a contre lui une artillerie aussi importante par la quantité que redoutable par les effets ; n'importe encore ! L'usage qu'il va savoir faire de la sienne lui assure la supériorité. Il est un des premiers à comprendre, dans cette campagne, le rôle prépondérant qu'entre des mains expertes, pièces lourdes et pièces légères peuvent jouer dans le combat. Il perfectionne le service téléphonique. Il excelle à organiser les tirs de barrage que les admirables 75 permettent de régler en quarante secondes. Avec ses 155 et ses 210, instrument souple, maniable, il réduit au silence les batteries adverses de plus gros calibre et de plus longue portée. — Secondé par un corps d'aviateurs dont l'audace égale l'habileté professionnelle, parmi lesquels on relève des noms bien connus : le capitaine de Saint-Sauveur, le sous-lieutenant Navarre, Violet, Flachaire, Guynemer, Jacques de Lesseps, Degaillard, de Cazes, il reprend la maîtrise de l'air. La liaison se fait entre les trois armes solidaires, artillerie, infanterie, aviation, liaison productrice de force et d'énergie pour nos soldats. — Les Allemands ont derrière eux tout un réseau de voies ferrées qui les approvisionne ; n'importe encore ! Il ne sera pas pris au dépourvu. A défaut de chemins de fer, il fait sienne l'idée d'un officier d'état-major, à l'intelligence ouverte et féconde, d'assurer les transports par route et par camions automobiles. On voit alors, spectacle fantastique et inoubliable, pendant des jours et des nuits, des milliers de voitures lourdes, monter de Bar à Verdun, chargées de canons, d'obus, du matériel le plus varié, de troupes fraîches et de vivres, redescendre de Verdun à Bar en ramenant femmes, vieillards, enfants de la région en feu, meurtris du combat, troupes harassées envoyées au repos. A 40 mètres de distance, les lourds véhicules se suivent ayant chacun deux conducteurs, dont l'un somnole ou dort pendant que son camarade veille au volant. Partout des inscriptions et des flèches pour régler la marche. Sur le chemin, pas une ornière ; sur le côté, tout un peuple de soldats cantonniers, les artilleurs de la réserve territoriale, casse les cailloux, arrose, empierre sans arrêt. C'est la « via sacra », cette route du ravitaillement, qui fournit sans interruption le pain de vie aux hommes, et l'obus de mort aux canons, où se déroulent ces 5.000 auto-camions, sur une soixantaine de kilomètres, avec l'aisance d'une courroie de transmission. Au soir, ce grand cordon de voitures s'allume ; si d'habitude les illuminations suivent la victoire, celles-ci la préparent.

— Et tout cela se fait sans hâte et sans désordre, avec méthode, avec une régularité mathématique, en face d'un ennemi supérieur en nombre qui attaque sans cesse. Le général Pétain doit à la fois se défendre et s'organiser. On ne sait ce qu'il faut le plus admirer, du beau sang-froid avec lequel il matte un adversaire entreprenant et résolu, ou de la lucidité d'esprit bien française avec laquelle il pourvoit à tout.

*
* *

— Après deux jours de répit, le 29 février et le 1ᵉʳ mars, le combat reprend. — Des quatre corps de choc mis en ligne, deux sont presque anéantis. On va faire donner l'armée du Kronprinz qui les encadrait et qui est restée intacte. L'attaque, ayant échoué contre notre secteur central, se porte sur les deux *ailes ;* la bataille glisse vers l'est et l'ouest. On espère sans doute, par la pression exercée, s'ouvrir d'un côté ou de l'autre le chemin de la forteresse, espoir qui se dissipera en fumée sanglante. — Le 6 mars, elle se déclanche à l'ouest de la Meuse, et le 8 mars dans la région de Vaux.

— A *l'Ouest,* pendant quatorze jours, des efforts surhumains sont déployés ; obus et hommes sont gaspillés pour aboutir à un bien maigre résultat. L'ennemi enlève Forges et Régneville, s'infiltre dans le bois des Corbeaux, dans les bois de Cumières, s'accroche aux pentes de la côte de l'Oie, et vient se briser impuissant contre les deux piliers de la 2ᵉ ligne, le Mort-Homme et la côte 304. — Une division fraîche, la 11ᵉ bavaroise, qui avait fait la campagne de Galicie et de Pologne dans la phalange Mackensen, quoique précédée de liquides enflammés, perd de 50 à 60 p. 100 de ses effectifs.

— A *l'Est*, des coups de force sont dirigés contre la côte du Poivre et le fort de Vaux. Le 9 mars est lancée, par les faussaires officiels du service télégraphique impérial et royal, la nouvelle de la prise du fort cuirassé par les régiments de réserve de Posen, nᵒˢ 6 et 10, commandés par le général von Garetzki-Cornitz. Toutes les tentatives cependant n'ont abouti qu'à accumuler, sur les pentes qui y mènent, des monceaux de cadavres. Colonnes sur colonnes débouchaient, par quatre de front, pour aller tomber, moissonnées par le tir français ; les officiers, revolver au poing, poussaient leurs hommes. « Les morts, les mourants, dit un témoin, roulaient et venaient se ramasser en gros tas grisâtres quand un accident de terrain les arrêtait ». Ce furent peut-être les journées les plus meurtrières de la campagne. — Seule, la partie est du village de Vaux et de l'éperon de Hardaumont est occupée.

— Le **22** mars, cette ruée sur les deux ailes s'arrête, n'ayant obtenu aucun résultat essentiel. Le général Pétain n'a pas manqué à la consigne reçue. Le général Joffre rend un bel hommage à sa fermeté et à celle de ses soldats dans l'ordre du jour du **15** mars : « Depuis trois semaines, vous subissez le plus formidable assaut que l'ennemi ait encore tenté contre nous... Le pays a les yeux sur vous. Vous serez de ceux dont on dira : « Ils ont barré aux Allemands la route de Verdun ».

— Du **22** au **28** mars, l'ennemi, essoufflé, reprend haleine, et le **28**, la terrible aventure est reprise avec entêtement. Ce sont alors des coups de boutoir portés à droite et à gauche. Il y a comme de l'affolement dans sa manière de procéder : tantôt c'est sur Malancourt et le Mort-Homme que sa fureur s'assouvit, et tantôt sur le village de Vaux et le bois de la Caillette ; tantôt il bombarde sans livrer d'assaut, et tantôt il s'avance par surprise. On assiste à des scènes tragiques qu'on dirait empruntées aux légendes d'autrefois.

— Le lieutenant-colonel de Malleray, par exemple, est chargé, le **29** mars, de reprendre le *réduit d'Avau-*

court, qui permet l'accès des pentes de la côte 304. Il a, sous ses ordres, deux bataillons du 210ᵉ régiment et un bataillon du 157ᵉ, des enfants de la Bourgogne, du Dauphiné et de la Savoie. Au lever du jour, la troupe chasse les grenadiers ennemis et se jette dans le réduit. Prendre, c'est bien; garder, c'est encore mieux. Une première contre-attaque repoussée, est suivie d'une seconde. De neuf heures à deux heures, on se bat au fusil, à la grenade; on se poursuit, on se heurte, on se massacre. Le soir enfin, la victoire est à nous. — L'ennemi cependant fait intervenir ses pièces lourdes, et le lieutenant-colonel est tué par un obus qui lui fauche les deux jambes; il meurt dans sa conquête qui nous reste. On pourrait lui appliquer cette parole d'un vieux Breton qu'il avait mise comme épigraphe à un de ses écrits : *Preux d'amour, pèlerinages et souvenirs* (1909) « Il est très sainct mourir en deffendant son bon pays ». — Quelques heures plus tard, un de ses fils, sous-lieutenant dans la même brigade, au 157ᵉ, arrive au réduit pour la relève. Il rencontre le colonel Collin et lui crie tout joyeux : « Eh bien! mon colonel, vous êtes content de mon père! » Celui-ci, tout ému, lui tend les bras : « Mon pauvre petit! », dit-il à voix basse. Le jeune homme comprend, s'approche de la dépouille de son père, la baise au front et, se redressant par un effort de volonté, va reprendre le commandement de sa section.

— Le 9 avril, une *attaque générale* est tentée. Sur un front de 20 kilomètres, depuis Avancourt et Cumières jusqu'à la ferme d'Haudromont, l'offensive se prononce. Douze régiments, appartenant à cinq divisions, sont identifiés. Gaz asphyxiants, liquides enflammés frayent la route aux fantassins qui s'avancent en colonnes massives. Le tiers des effectifs est anéanti sans résultat. Il n'y a pas une fissure dans le mur de baïonnettes que nos soldats leur opposent. Le général adresse à ses braves l'ordre du jour suivant : « Le 9 avril est une journée glorieuse pour nos armes. Les assauts furieux des soldats du kronprinz ont été partout brisés ; fantassins, artilleurs, sapeurs, aviateurs de la 2ᵉ armée ont rivalisé d'héroïsme ».

— Et jusqu'à la fin du mois, par intermittence, et toujours avec furie, avec le même mépris de la vie humaine, les attaques se renouvellent ayant l'allure de soubresauts convulsifs. Au Mort-Homme, le 11, le 22, le 24 et le 30 avril, elles sont repoussées ; à la côte 304, le 17, le 25, le 26, le 28 avril, le bombardement intense n'aboutit à aucun succès ; à Vaux, le 11, le 17, le 20, le 27 avril, toutes les tentatives sont enrayées ; aux Éparges, le 19, à Esnes, le 25 et le 26, leur échec est complet. — On s'en rend compte à Berlin, puisque le mentor du kronprinz, le feld-maréchal de Hœseler, est disgracié en avril ; on veut ainsi sauver la réputation militaire déjà bien compromise du jeune Télémaque, que ses soldats commencent à appeler « le massacreur ». Son vieux conseiller sert de bouc émissaire de l'insuccès.

*
* *

— La redoutable mission confiée au général Pétain est bien remplie. Il a bloqué l'avance ennemie. Comprenant que la bataille serait rude et longue, il a créé, par un prodige d'activité, de prévision et d'ordre, tout ce qui est nécessaire pour la gagner. Nommé successeur de Langle de Cary, aux armées du Centre, secteur Soissons à Verdun, il peut, avec la satisfaction du serviteur qui a fidèlement rempli sa journée, remettre, le 30 avril au soir, au général Nivelle, le commandement da la 2ᵉ armée. « Il a su, ainsi s'exprime dans son impressionnante sobriété l'ordre qui lui confère la croix de grand officier de la Légion d'honneur, grâce à son calme, à sa fermeté et à l'habileté de ses dispositions, rétablir une situation délicate et inspirer confiance à tous. A ainsi rendu au pays les plus éminents services ».

— O France, qui as enfanté de tels hommes, si simples et si beaux, qui ne sont candidats, dans la patrie envahie, qu'à la gloire et à la mort, « les propres soldats de Dieu », pour parler comme Shakespeare, que tu es grande et que nous sommes fiers de toi !

III. Nivelle et la victoire

(1ᵉʳ mai-18 décembre).

— Le 1ᵉʳ mai, le général Nivelle devient le chef responsable ; avec lui, nous allons voir l'arrêt imposé à l'ennemi se transformer en défaite. — Un court colloque s'échange entre le chef qui s'en va et celui qui le remplace. « Général, dit le premier à son successeur, mon mot d'ordre au début de la bataille a été : « Ils ne passeront pas ». Je vous le transmets. — Entendu, général, répond le second, ils ne passeront pas ». — Sous sa haute direction, la résistance continue. Peu à peu même, et c'est le caractère que le nouveau chef lui imprime, elle cesse d'être passive ; des initiatives heureuses sont prises ; une méthode nouvelle, celle des offensives de détail, des contre-attaques brusquées, rapides, s'inaugure. On perçoit, se dégageant des combats multiples qui se livrent, une idée maîtresse, un plan qui lentement s'exécute. Si, à travers les lignes des communiqués, « ces fragments quotidiens d'une immense épopée », on voit couler des ruisseaux de sang, on y distingue aussi, à la lueur des éclairs d'héroïsme et de gloire qui les traversent et les illuminent, la volonté arrêtée, suivie, de vaincre. — Rassurés par Pétain, avec Nivelle, Français et alliés renaissent à l'espoir.

*
* *

— Dès les premiers jours de mai, cette *tactique* mise en œuvre donne de brillants résultats. — Les Allemands cherchent à prendre Verdun par la rive gauche de la Meuse. Ils commencent leur grand effort contre le Mort-Homme et la côte 304 : attaque de haut style qui s'ouvre par un déluge d'obus et des nuages de gaz asphyxiants, qui se continue par des assauts en masses profondes. Le combat n'avait pas encore atteint une telle furie. Pendant que le 114ᵉ, le 125ᵉ, le 15ᵉ corps et la 38ᵉ division rivalisent de bravoure pour les contenir, leur vendent rudement cher les quelques mètres de tranchées et les hauteurs qu'ils parviennent à occuper, le général riposte par une diversion sur la rive droite. Il lance, le 22 mai, contre le fort de Douaumont, la 10ᵉ division, composée du 74ᵉ, du 129ᵉ et du 36ᵉ de ligne, commandée par le célèbre explorateur africain, le général Mangin. A onze heures cinquante, sur trois colonnes, les soldats se mettent en marche ; ils ne crient ni ne chantent ; graves, résolus, ils vont de trou en trou d'obus, se courbent, disparaissent, surgissent, tombent. Onze minutes suffisent au 129ᵉ pour atteindre son objectif. Le fort est occupé pendant deux jours ; sous la violence des réactions ennemies, il est impossible de le conserver, mais la manœuvre de dégagement a réussi ; la pression formidable exercée du côté du Mort-Homme et de la côte 304 s'est relâchée. Les progrès des assaillants sont limités et enrayés.

— Exaspéré par cette tactique, l'ennemi fait, au début de juin, une tentative suprême contre le *fort de Vaux*. Malgré son succès, il y reçoit une leçon qu'il n'oubliera pas de longtemps. Voulez-vous que, relevant heure par heure les faits dans leur simplicité tragique, nous revivions le drame qui se déroule dans cette place et qui nous donne comme l'image en raccourci des souffrances endurées par nos soldats pendant cette année de Verdun, et aussi de leur vaillance magnifique ? — Le 2 juin, à deux heures du matin, le fort est entouré ; à quinze heures, les coffres N.-E. et N.-O. sont pris. Le commandant Raynal signale : « Je poursuis la lutte dans les gaines. Les officiers font tout leur devoir et nous lutterons jusqu'au bout ». — Le 3 juin, à deux heures, l'ennemi réussit à transporter des mitrailleuses sur la superstructure du fort ; les communications sont coupées ; la garnison s'entasse dans l'intérieur. Des réfugiés, des blessés sont venus doubler le nombre de bouches à nourrir : l'eau va manquer dans les citernes.

— Le 4 juin, à midi, le dernier pigeon est lâché. L'ennemi attaque avec des bombes lacrymogènes et des gaz enflammés ; l'odeur, la fumée rendent l'air irrespirable. On ne peut plus évacuer les morts ; une horreur sans nom remplit ces voûtes obscures. La ration d'eau est réduite à un quart par homme. Le commandant décide que tous ceux qui ne font pas partie de la garnison réglementaire devront partir. A une heure et demie, premier essai; quelques-uns seulement passent. — Le 5 juin, au petit jour, second essai, second échec; à la nuit, plus de 100 hommes parviennent à s'échapper. Et la bataille se prolonge dans le fort encerclé, incendié, affamé. La garnison défend les escaliers et les couloirs; les hommes font usage de leurs couteaux; ils frappent avec leur casque tenu par la jugulaire. Canon, mitrailleuses, grenades, flammes, fumée, soif, empoisonnement, pourriture, ils supportent tout; ils dépassent les limites des forces humaines. — Le 6 juin, à six heures et demie, le commandant réclame du secours et parle de son complet épuisement. Les souffrances deviennent intolérables. — Au dehors, l'armée tout entière est torturée par l'angoisse. La France et le monde sont secoués par un frisson d'admiration et d'inquiétude. Le généralissime exprime sa satisfaction et nomme le commandant Raynal commandeur de la Légion d'honneur. Le 7 juin, à trois heures cinquante, dernier message du fort; trois mots sont compris : « Ne quittez pas... ». On dirait un mourant qui, dans un adieu suprême, tend la main à ceux qui l'aiment et pour lesquels il a donné sa vie. — Le 7 juin, après six jours de défense obstinée, vaincu par la soif, le commandant Raynal rend son épée. Ils étaient à peine 600 contre plus de 20.000. — La *Gazette de Voss*, saluant les vaincus, parle de « leur courage inouï ». — Belle page, n'est-il pas vrai, entre les plus belles, écrite par une poignée de nos soldats, pendant ces journées historiques de Verdun.

— Au revers d'un fossé, près de ce fort de Vaux, on

relève un blessé, tombé depuis deux jours. Il raconte que ce qui l'a soutenu, lui mettant au cœur un peu d'espérance et de joie, c'est le chant des alouettes qui, dès l'aube, entre deux rafales, montaient, montaient droit vers le ciel, en jetant à plein gosier leur cri, annonciateur du printemps et de la victoire.

> Lorsque les obusiers lourds, aux rauques abois
> Et les canons de toute taillé
> S'arrêtaient de cracher leur gaz et leur mitraille,
> Sur la colline, entre les bois,
> Il entendait, voyait chanter une alouette.
> L'oiseau gaulois, le bec dressé vers la lumière,
> Chantait à nos soldats sa chanson coutumière,
> Cri fier et joyeux : « Vive France quand même » !

— Fidèle à sa méthode, Nivelle, non seulement s'oppose à l'avance ennemie avec une énergie sans pareille, mais encore il dirige son offensive sur les positions les plus menacées. Le 11 juillet et le 7 août, il brise la tentative faite sur la ligne Froideterre-Fleury-Souville. En août, il reprend Thiaumont et Fleury en septembre. Par ces réactions sagement et vigoureusement conduites, il réduit ces sortes de poches faites dans ses lignes et il s'assure une base de départ pour les coups décisifs qu'il portera plus tard. — Pendant le reste de l'été, les communiqués s'espacent ; la fin de la première bataille de Verdun s'annonce. Elle ne tardera pas à se produire.

* *

— Avant d'arriver au dénouement qui se prépare, s'il m'était permis, malgré les larmes et le sang répandus, d'appeler un sourire au coin de vos lèvres, je n'aurais qu'à vous montrer les contrecoups de la bataille sur l'opinion de nos ennemis. Ah ! qu'il fait bon de les voir perdre jour après jour leur morgue et de les sentir effleurés et ensuite saisis et tenaillés par l'angoisse, cette angoisse que nous avons connue et qui, pour nous, a fait place à la certitude de la victoire !

— Plusieurs semaines à l'avance, la grande offensive est claironnée dans les deux empires et en pays neutre. Une réclame « colossale » s'organise : articles de journaux, informations sensationnelles, renseignements secrets chuchotés, ordres du jour préparent savamment l'opinion, répandent la conviction que la prise de Verdun ouvrira la route de Paris et sera suivie d'une paix glorieuse. « Nous serons à Paris avant vous », disait-on avec un petit air sous-entendu aux neutres qui traversaient l'Allemagne pour gagner la Seine par la Suisse. La guerre « fraîche et joyeuse », annoncée jadis par le kronprinz, va cette fois-ci commencer. — Et, aux premiers coups de canon, les espérances ainsi allumées paraissent pleinement se réaliser. A Berlin, on s'arrache les journaux ; la circulation dans les rues devient difficile ; les cloches sonnent à toute volée ; maisons et tramways se pavoisent. A la nouvelle de la prise du « fort cuirassé » de Douaumont, le délire est à son comble. — Il n'y a plus aucun doute possible : la nation corrompue va être livrée par « le vieux dieu » de la pure Germanie au peuple qui a reçu mission « d'assainir le monde ». Le « membre pourri pendu aux côtés de l'Allemagne » va pouvoir être amputé.

— Cependant l'avance se ralentit, et même, le 26 février, elle s'arrête. Les cloches interrompent leur joyeux carillon ; les drapeaux rentrent dans leur gaine.

Les journaux, par une lourde volte-face et dans leur foi robuste à la naïveté du public allemand et des neutres, lancent une formule nouvelle qui fait fortune. Après le « à Paris, à Paris! », ils impriment : « Verdun, c'est la pompe aspirante ». Il s'agirait, peuple crédule, écoute et laisse-toi convaincre, non plus de prendre Verdun, mais d'épuiser l'armée française en attirant sur ce point particulier toutes ses réserves. La *Deutsche Tageszeitung* s'évertue à prouver que les forteresses sont sans importance. Les *Leipziger Neueste Nachrichten* affirment que le plan de l'état-major se réalise de tout point. Le grand état-major écrit : « Le but de l'offensive a été de cadenasser cette porte de sortie de la France contre l'Allemagne moyenne ». — Oublie, docile Michel, ce qu'on t'avait dogmatiquement certifié, et considère comme génial ce nouveau plan de tes maîtres.

— A mesure que le temps passe, dissipant les espoirs les plus choyés, les explications deviennent plus embarrassées. — On présente la bataille comme une action préventive contre l'offensive des alliés, mot bien commode et qui leur a déjà servi pour décliner la responsabilité de la guerre elle-même. — Des critiques militaires s'oublient jusqu'à reconnaître les qualités si souvent méprisées de l'armée française. L'un d'eux déclare que « les Français se battent jusqu'à la dernière goutte de leur sang ». — Dans le *Berliner Tageblatt*, le major Moraht rend hommage à « la haute valeur des défenses avancées de la forteresse... au courage et à l'esprit de sacrifice de la garnison ». Un autre jour, il écrit : « Nous constatons que les petits-fils devant Verdun dépassent de beaucoup les grands-pères devant Metz ». Malgré l'insolence de ce propos, il nous est doux de savourer cette parole de l'orgueilleux ennemi qui proclame que Pétain a effacé Bazaine dans l'histoire.

— On offre, entre temps, à l'imagination populaire, les aliments les plus frelatés. — La *Strassburger Post* imprime que « nous n'avons plus de munitions »; que « le général Pétain a perdu la confiance du pays »; la *Deutsche Tageszeitung,* que « l'armée française n'entre plus en ligne de compte ». — Dans les cinémas, on représente le kronprinz, la nuit, sur les champs de bataille, éclairé par les canonnades et les incendies. — Au moment où il avoue, dans une revue passée à Wavrille, de plusieurs régiments de la 39ᵉ division active : « Quoique nous n'ayons pas réussi dans notre entreprise, l'assaut et la prise de Verdun », le 15 septembre son père le décore des feuilles de chêne. Ironie suprême que cette couronne donnée au sacrificateur impérial et royal pour avoir mis six mois à conquérir quelques kilomètres ensanglantés, au prix de milliers et de milliers de vies humaines, couronne qui serait mieux à sa place sur une tombe, la tombe des espérances allemandes.

— Oui, toutes ces pauvres inventions, à l'usage du peuple moutonnier, nous donnent à sourire; nous nous égayons à toutes ces niaiseries par lesquelles on le trompe et on le mène; et nous y lisons aussi, avec une satisfaction souveraine, l'aveu de l'échec, aveu involontaire, honteux, rageur, qu'on veut dissimuler et que la réalité vous arrache; nous y entendons comme le bruit de quelque chose qui s'écroule à l'horizon des hommes, le rêve orgueilleux d'une nation qui, sous son talon éperonné, voulait tenir le monde asservi.

*
* *

— Et maintenant disons en quelques mots la dernière phase de cette passe d'armes qui dure depuis des mois.

— La défense active inaugurée par Nivelle se transforme en offensive bien caractérisée ; la revanche des journées de février va être prise.

— Trois divisions s'y préparent ; le général Mangin, qui déjà, le 22 mai, était rentré dans Douaumont, les commande. Ce sont : la division du général Guyot de Salins, renforcée par le 11ᵉ d'infanterie, composée de zouaves, de tirailleurs, de coloniaux, du régiment colonial du Maroc, qui le premier a reçu la fourragère pour sa belle conduite à Dixmude et à Fleury ; à ce dernier l'honneur d'attaquer le fort ; — la division du général Passaga, dans laquelle on trouve des hommes de toutes les régions de la France ; — la division du général de Lardemelle, avec des troupes de ligne, des chasseurs à pied et un bataillon de Sénégalais. — Le 24 octobre, ces divisions magnifiques sortent de leurs abris. D'un bond, ou plutôt en deux bonds, avec le repos prévu d'une heure, sur 7 kilomètres de longueur et 2 ou 3 kilomètres de profondeur, elles reprennent une bande du sol lorrain : l'ouvrage et la ferme de Thiaumont, le village et le fort de Douaumont, les bois de la Caillette, de Vaux-Chapitre, de Fumin, du Chinois, de la Lauffée, la batterie de Damloup. — Le 3 novembre, c'est le tour du fort de Vaux occupé sans qu'un seul homme soit perdu. La ceinture protectrice de la place de Verdun se trouve de nouveau en notre possession.

— Pour mettre ces trophées, Douaumont, Vaux, à l'abri d'une surprise, Nivelle entreprend de refouler.

plus loin l'ennemi. Les 15 et 18 décembre, il complète brillamment l'opération du 24 octobre et du 3 novembre. — Quatre divisions, soigneusement entraînées, prennent part à l'attaque : les divisions Passaga et Guyot de Salins, la division Garnier du Plessis et la division Muteau. — La partie se joue entre deux tempêtes. Le 15, à dix heures du matin, d'un seul mouvement, d'un seul geste, l'officier en tête comme à l'exercice, sur 9 kilomètres, du Poivre à Douaumont et au ravin de Vaux, les bataillons, précédés du rideau d'éclatement qui fouille, herse le terrain en avant, s'avancent en vagues successives. Les villages de Vacherauville, Louvemont, la ferme des Chambrettes, les ouvrages d'Hardaumont et de Bezonvaux sont enlevés.

— Par ces deux coups décisifs, le général Nivelle rejette les Allemands au delà de Louvemont, fait 18.000 prisonniers, prend 130 canons et ressaisit le terrain qu'ils avaient mis huit mois à conquérir, pour la possession duquel celui que déjà on appelle « l'éternel vaincu » avait en vain sacrifié plus de 500.000 hommes...

— Au lendemain de ces actions d'éclat, le général Nivelle est appelé à remplacer le général Joffre. Le motif de sa promotion au grade de grand officier de la Légion d'honneur s'exprime ainsi « A repris l'offensive pied à pied et par des attaques répétées est parvenu à dominer l'adversaire sur le terrain même que ce dernier avait choisi pour un effort décisif ».

— O France, dont les enfants ont inventé le secret de faire ce qui dépasse les forces humaines et de le faire simplement, sans forfanterie, avec naturel, que tu es grande ! A ce nom de Verdun, étape principale du douloureux acheminement vers la délivrance, les Anglais se découvrent, les Allemands baissent la tête et font le compte de leurs morts ; nous, saisis d'une émotion toute religieuse, nous admirons, nous remercions et nous espérons.

IV. La France, nation gardienne.

— Ramassons, pour conclure, les impressions que nous a laissées la lecture rapide de ce chapitre, un des plus impressionnants de la grande guerre.

— Un écrivain anglais, avec une éloquente concision, a dit de notre France : « C'est la haute et dure destinée de ce pays d'être la nation gardienne ». Cette mission de gardienne du trésor d'humanité, de sagesse, de justice, d'honneur, de moralité qui s'appelle la civilisation, notre France l'a remplie à Verdun avec une fidélité, un dévoûment, une simplicité, un éclat qui n'avaient pas été atteints jusqu'ici.

— Gardienne, elle l'a été, puisque c'est sur elle seule que s'est portée, pour l'écraser de sa puissante masse, toute la force allemande, et que, par sa belle tenue, elle a bouleversé les projets à envergure grandiose de nos ennemis. — « Il faut en finir avec la France », avait déjà dit l'empereur Guillaume au roi des Belges en 1912. Au conseil de guerre qu'il tient à Potsdam à la fin de 1915, et où les grands chefs : Hindenburg, Mackensen, Hœseler, Deimling, sont présents, il fait un examen circulaire de tous les fronts : les Russes sont refoulés ; dans les Balkans, rien à craindre ; en Égypte et en Asie, les opérations languissent ; les Anglais ne sont pas encore prêts ; l'usine française n'est pas au point. Le moment est propice pour reprendre à nouveau la tentative qui a avorté sur la Marne et l'Yser. Et dans le silence qui soudain se fait partout, le tonnerre de Verdun éclate. Autour de la vieille ville aux « Trois vierges », sur ces collines fumantes et désertes, qui paraissent solitaires malgré les 2 millions d'hommes qui s'y déchirent, serrés dans des sillons sanglants, le destin du monde se joue. — Mais Verdun fait bouclier, les coups acharnés qui le frappent, le bossellent à peine. Ainsi garantis, les alliés achèvent de s'organiser, et, le 4 juin, en Bukovine et en Volhynie, les armées de Broussiloff se rappellent à l'attention par leurs succès magnifiques ; le 24 juin, dans le Trentin, Cadorna refoule les forces autrichiennes et menace Gorizia ; le 1er juillet, sur les deux rives de la Somme, Anglais et Français se lancent contre les lignes ennemies ; les Serbes, transportés en Algérie, restaurent leurs forces en vue d'une revanche prochaine ; à Salonique, Sarrail se retranche ; les Roumains s'apprêtent à se ranger à nos côtés. Pendant que les divisions du kronprinz fondent dans l'infernal creuset, toutes ces opérations se combinent ; notre puissance grandit et devient irrésistible. — A ce moment décisif, ta grandeur, ô France, s'accroît de toute la responsabilité qui pèse sur toi et sur toi seule !

— Gardienne, elle l'a été, puisque ses enfants, avec un courage qui ne s'est pas lassé, ont opposé aux assauts furibonds des Barbares le rempart infranchissable de leurs poitrines. — On avait cru que le soldat français, impétueux et brave dans l'attaque, ne se montrerait pas à son avantage dans une longue lutte de patience. Alliés, neutres et ennemis le jugeaient incapable d'un effort méthodique, prolongé, discipliné. Et que découvret-on ? A la stupéfaction de tous, dans ces mornes et boueux champs de gloire de la Meuse, il se révèle résolu et tenace, il montre une puissance de volonté incroyable, une fermeté tranquille et souvent souriante qu'aucune troupe dans l'histoire n'a égalées. Qu'il se replie ou qu'il avance, qu'il soit flux, reflux ou roc, il reste le même. — Le 4 juin, au moment le plus critique, le capitaine Delvert, qui défend la redoute R¹ reliée au fort de Vaux, répond ce mot bien typique à un de ses subordonnés qui s'étonne de l'entendre plaisanter sous la rafale des obus : « Vous êtes gai, mon capitaine. — Évidemment, d'ailleurs, quand le parti est pris ». — Tout est là. Pour chacun de ceux qui résistent, le parti est pris ; le devoir a parlé ; ils tiendront en dépit de tout. Ils étonnent l'univers entier en le sauvant. — N'auriez-vous pas vu ce dessin de l'humoriste Willette, plein de finesse et d'ironie ? Guillaume II, pensif, est assis en compagnie du diable. Il contemple de loin la Semeuse occupée à féconder les sillons ; dans son regard, il y a de la surprise et de l'effroi. « La France ! lui dit son satanique conseiller, pauv'vieux ! moi-même je n'y ai rien compris ! » — Ta grandeur, ô France, réjouit tes amis, confond tes ennemis aux prévisions trop courtes ; elle éclate dans la résistance insoupçonnée mise au service de ta loyauté.

— Gardienne, elle l'a été, puisque, avec une générosité magnifique, elle a fait face au péril ; elle a envoyé à la mort des milliers de ses enfants. — Que de foyers, dans nos villes et dans nos campagnes, où ce nom immortel de Verdun sera désormais prononcé, avec de la fierté certes, mais aussi avec des larmes dans les yeux ! Longtemps elle portera, lente à se cicatriser, saignante à son flanc, la blessure reçue pour tenir fermée cette porte de l'Occident par laquelle les bandes impériales se flattaient de passer. Elle gardera pieusement le souvenir de tous ceux qui dorment sur la terre meusienne.

> Mais je ne veux pas, moi, qu'on voile vos noms clairs,
> Vous qui dormez là-bas dans un sol de bataille...
> Je recueille en mon cœur votre gloire meurtrie,
> Je renverse sur vous les feux de mes flambeaux,
> Et je monte la garde autour de vos tombeaux,
> Moi qui suis l'avenir, parce que la Patrie.
>
> (Emile VERHAEREN).

— Ta grandeur, ô France, te vient de tes meurtrissures ; elle jaillit, rayonnante, de toutes ces tombes où reposent, entre Vaux et Avaucourt, quelques-uns de ceux qui, par leur mort, auront contribué à « rayer la guerre de la catégorie des crimes humains ».

— Gardienne, elle l'a été, puisque, non seulement sur ce saillant tragique, se succèdent, se relevant dans la tâche confiée, bataillons et corps d'armée venus de toutes les régions, puisque tous les parlers de France, rudes comme dans le Nord ou chantants comme dans le Midi, s'y entendent, mais encore puisque, à la résistance douloureuse, mais inflexible, des combattants, correspondent l'activité et le sang-froid du reste de la nation. On travaille partout, à l'usine et aux champs. On attend dans le calme que l'orage s'apaise. Le patriotisme s'élève jusqu'à des hauteurs inconnues ; et si quelques-uns mènent une existence frivole, s'absorbent dans leurs rancunes ou leurs querelles personnelles, hésitent à s'oublier pour donner quelque chose de leurs biens ou d'eux-mêmes, montrent un égoïsme criminel qui retarde la victoire, le contraste est si révoltant qu'il apparaît comme un sacrilège. — Il disait vrai, M. Deschanel, lorsque, le 26 octobre 1916, à la séance annuelle de l'Institut, dans un beau mouvement, il s'écriait : « Aujourd'hui, c'est toute la France qui se bat, pour tous les hommes ». — Ta grandeur, ô France, te vient de cette santé morale que tu as su conserver dans la pureté de ta conscience et dans la sainteté de ta cause. — C'est sous ton égide et par ton exemple que les alliés marchent au triomphe.

— Dans ce miroir teinté de sang qu'est la bataille de Verdun, la véritable image de notre pays se reflète. — Nous pouvons nous y regarder sans crainte ; nous apprendrons ainsi à mieux nous connaître et cette vision nous guérira de notre manie de nous dénigrer, de nos pessimismes invétérés. — Tous ceux qui, pendant cette année 1916, se sont penchés sur lui pour l'y contempler, cette image, en ont été éblouis. Ils y ont vu toutes les souffrances, le travail, la patience, l'élan, l'abnégation, le courage irréductible, les gestes héroïques dans leur simplicité, toujours dans un rayonnement de bonté qui illumine, qui caractérise ce peuple antique.

— Laissons-les parler encore, et que leur voix soit douce à nos cœurs meurtris, nous dise la reconnaissance qui, de partout, monte vers nous, l'admiration que notre attitude provoque et les espérances qui se fondent sur nous. — « Verdun, dit une Canadienne généreuse, c'est le Drapeau. C'est le Drapeau, frappé par la mitraille, mutilé, loqueteux, mais portant sur ses loques pendantes les noms à jamais célèbres de Douaumont, de Vaux, Fleury, Damloup, Thiaumont, côte du Poivre, côte 304, le Mort-Homme et tant d'autres. Drapeau qui claque au vent de la victoire, mémorial du passé, force du présent, espoir de l'avenir ». — Le grand patriote italien, d'Annunzio, avec ce don qu'ont les poètes de dire dans un mot, éclair qui brille dans la nuit, ce que tous sentent sans pouvoir l'exprimer, s'écrie : « France, France, sans toi le monde serait seul ! » — En Hollande, le professeur von Hamel écrit le 15 mars : « Bravo, France ! Pour tant de crânerie, tant de ressort et de gravité puissante, il faut que, dans la sincérité de son âme, on crie : Bravo, France ! ». — Le 2 décembre 1916, on inaugure l'illumination permanente de la statue colossale de la Liberté, offerte, il y a trente ans, par la France à l'Amérique. Un des survivants qui reçurent la statue, le sénateur Depew, dit : « La France, qui a gardé Verdun français, est plus grande qu'aucune autre nation des temps anciens et modernes ». — Dans les casemates de la forteresse, Lloyd George dit aux chefs qui l'entourent : « Je me sens remué profondément en touchant ce sol sacré. Je vous apporte l'admiration émue de mon pays et de ce grand empire dont je suis le représentant... Une fois de plus, pour la défense des grandes causes auxquelles son avenir même est attaché, l'humanité se tourne vers la France ». Et levant lentement son verre, d'une voix plus basse et plus profonde : « A la France ! aux héros tombés sous Verdun ! ». — Dans une pensée de gratitude admirative, les alliés décernent leurs plus hautes décorations à la ville de Verdun, « la citadelle inviolée », la fière cité autour de laquelle se fait ce magnifique effort de sang pour le salut de tous ; Russie et Grande-Bretagne, Italie et Belgique, Serbie et Monténégro, Japon et France, ornent les armes de la ville symbolique de croix et de médailles. Le **13 septembre**, en présence des délégués des nations sœurs, dans un silence religieux, la voix du Président de la République se fait entendre, grave et solennelle : « Ce nom de Verdun est devenu comme un synonyme synthétique de patriotisme, de bravoure et de générosité... Pendant des siècles, sur tous les points du globe, le nom de Verdun continuera de retentir comme une clameur de victoire et comme un cri de joie poussé par l'humanité délivrée ».

82.899. — BORDEAUX, IMPRIMERIE G. DELMAS, 6, PLACE SAINT-CHRISTOLY